meine ersten philippinischen Wörter

Leitfaden für Kinder zur philippinischen Sprache und Kultur

Dieses Buch gehört:

Inhaltsverzeichnis

Familie

ina
(EE-na)
mutter

ama
(AH-ma)
vater

kapatid
(ka-PA-tid)
geschwister

pinsan
(PIN-sahn)
cousine

1

lola
(LO-la)
großmutter

lolo
(LO-lo)
großvater

bata
(bA-ta)
kind

kaibigan
(ka-i-BIG-an)
freundin

2

Essenszeit

kain
(KA-in)
essen

kutsara
(koot-SA-ra)
löffel

tinidor
(tee-NEE-dor)
gabel

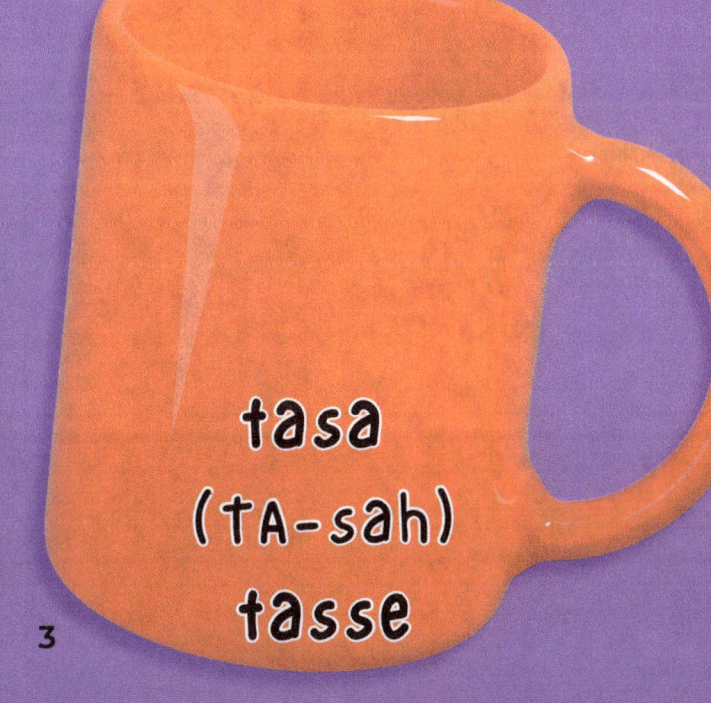

tasa
(TA-sah)
tasse

inom
(inom - EE-nom)
trinken

plato
(PLA-to)
teller

mangkok
(mang-KOK)
schale

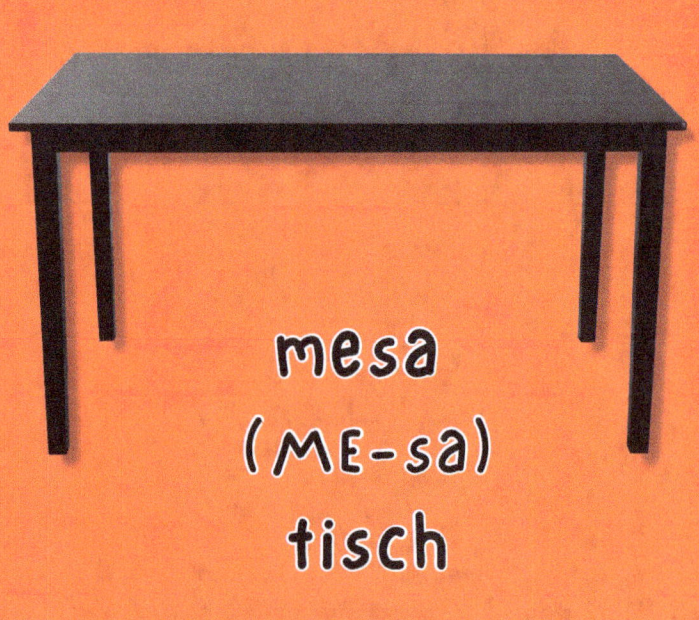

mesa
(ME-sa)
tisch

silya
(seel-YA)
stuhl

4

Essen & trinken

langka
(LANG-ka)
jackfrucht

niyog
(nee-YOG)
kokosnuss

mais
(MAH-ees)
mais

bayabas
(ba-YA-bas)
guave

santol
(SAN-tol)
Santol Frucht

5

ampalaya
(am-pa-LAY-a)
bittermelone

malunggay
(ma-LOONG-gay)
moringa

kangkong
(KANG-kong)
wasserspinat

labanos
(lah-BAH-nos)
rettich

kamote
(ka-MO-te)
süßkartoffel

6

luya
(LOO-ya)
ingwer

sibuyas
(see-BOO-yas)
zwiebel

bawang
(BA-wang)
knoblauch

7

sili
(SEE-lee)
chilischote

keso
(KE-so)
käse

tinapay
(tee-NA-pay)
brot

mantikilya
(man-tee-KEEL-ya)
butter

kanin
(KA-neen)
reis

8

Badezeit

hugas
(HOO-gas)
waschen

bula
(BOO-lah)
Seifenblasen

tuwalya
(too-WAL-yah)
tandtuch

sabon
(SAH-bon)
seife

9

tabo
(TAH-bo)
schöpfkelle

timba
(TIM-bah)
eimer

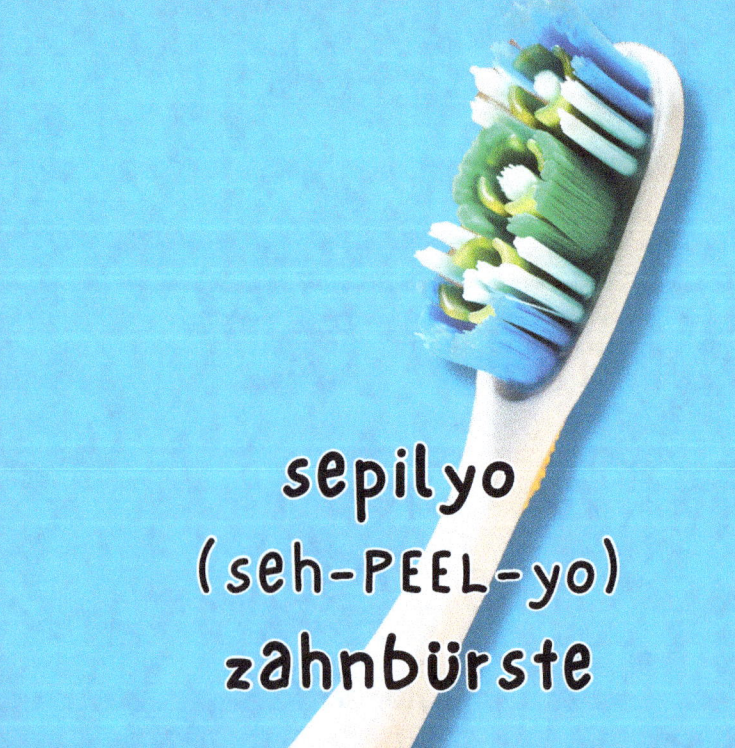

sepilyo
(seh-PEEL-yo)
zahnbürste

suklay
(sook-LAY)
kamm

Schlafzeit

tulog
(too-log)
schlafen

kama
(KAH-ma)
bett

unan
(oo-nan)
kopfkissen

kumot
(KOO-mot)
bettdecke

kutson
(KOOT-son)
matratze

tsinelas
(chee-NE-las)
hausschuhe

kurtina
(koor-TEE-nah)
vorhänge

kwento
(KWEN-to)
geschichte

12

kleidung

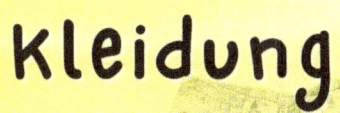

pantalon
(pan-ta-LON)
hose

palda
(PAL-da)
rock

medyas
(MED-yas)
socken

sapatos
(sa-PA-tos)
schuhe

13

kurbata
(koor-BA-ta)
krawatte

kapote
(ka-PO-te)
stiefel

sombrero
(som-BRE-ro)
hut

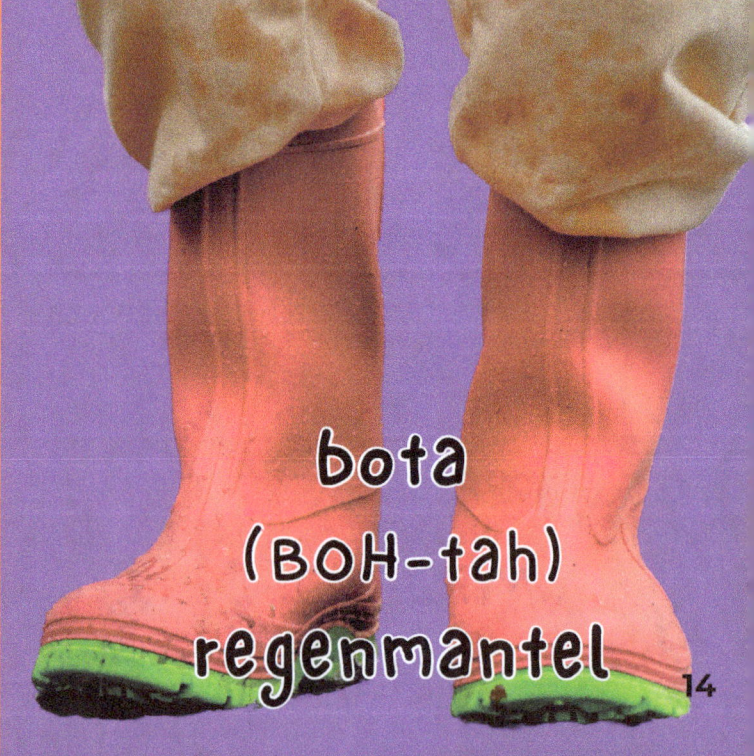

bota
(BOH-tah)
regenmantel

14

ziffern

isa
(EE-sah)
eins

dalawa
(da-LA-wah)
zwei

tatlo
(TAT-lo)
drei

apat
(AH-pat)
vier

lima
(LEE-mah)
fünf

anim
(AH-nim)
sechs

pito
(PEE-toh)
sieben

walo
(WA-loh)
acht

siyam
(SEE-yam)
neun

sampu
(SAM-poo)
zehn

Farben

puti
(POO-tee)
weiß

pula
(POO-lah)
rot

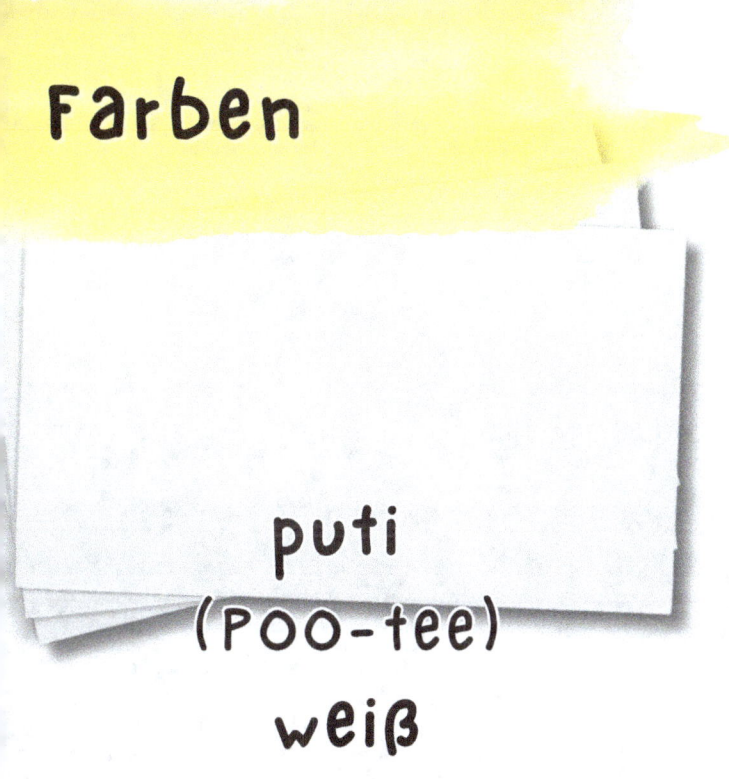

kahel
(KA-hel)
orange

dilaw
(DEE-law)
gelb

kayumanggi
(ka-yoo-MANG-gee)
braun

17

bughaw
(boog-HAW)
blau

berde
(BER-deh)
grün

itim
(EE-teem)
schwarz

rosas
(RO-sas)
rosa

lila
(LEE-la)
lila

18

langit
(LAH-ngit)
Himmel

buwan
(boo-WAN)
Mond

bituin
(beet-WEEN)
Stern

araw
(A-raw)
Sonne

19

puno
(POO-no)
Baum

bulaklak
(boo-LAK-lak)
Blume

dahon
(DA-hon)
Blatt

bato
(BA-to)
Stein

20

Körperteile

ulo
(OO-lo)
Kopf

mata
(MA-ta)
Auge

ilong
(ee-LONG)
Nase

buhok
(boo-HOK)
Haare

tenga
(TEH-nga)
Ohr

ngipin
(NGEE-peen)
zähne

dila
(DEE-la)
Zunge

paa
(PAH-ah)
Fuß

labi
(LAH-bee)
Lippen

kamay
(ka-MAY)
Hand

22

tiere

aso
(AH-so)
Hund

pusa
(POO-sa)
Katze

kuwago
(koo-WA-go)
Eule

isda
(EES-da)
Fisch

kabayo

(ka-BA-yo)

Pferd

baboy

(BA-boy)

Schwein

manok

(ma-NOK)

Huhn

kambing

(kam-BING)

Ziege

24

pagong
(pa-GONG)
Schildkröte

pusit
(POO-sit)
tintenfisch

hipon
(HEE-pon)
Garnele

alimasag
(a-lee-MAH-sag)
krabbe

bubuyog
(boo-BOO-yog)
Biene

suso
(SOO-so)
Schnecke

gagamba
(ga-GAM-bah)
Spinne

ahas
(AH-has)
Schlange

26

Alltagsgegenstände

relo
(RE-lo)
Hhr

telepono
(te-le-PO-no)
telefon

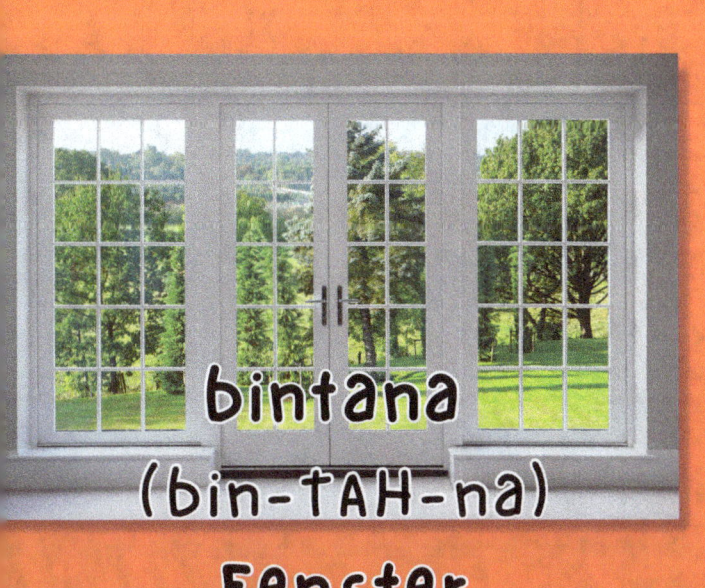

bintana
(bin-TAH-na)
Fenster

pintuan
(pin-too-an)
tür

payong
(PAH-yong)
Regenschirm

ilaw
(EE-law)
Licht

bentilador
(ben-tee-LAH-dor)
Ventilator

gunting
(GOON-ting)
Schere

Verkehrsmittel

kotse

(KOT-seh)

Auto

bisikleta

(bee-sik-LE-ta)

Fahrrad

motorsiklo

(mo-tor-SIK-lo)

Motorrad

tren

(TREN)

Zug

29

bangka
(BANG-ka)
Boot

barko
(BAR-ko)
Schiff

eroplano
(e-rop-LA-no)
Flugzeug

30

Handlungswörter

laro
(LA-ro)
spielen

takbo
(TAK-bo)
rennen

lakad
(LA-kad)
gehen

upo
(OO-po)
sitzen

tayo
(TA-yo)
stehen

talon
(TA-lon)
springen

palakpak
(pa-LAK-pak)
klatschen

tawa
(TA-wa)
lachen

32

Berufe

guro
(GOO-ro)
Lehrerin

magsasaka
(mag-sa-SA-ka)
Landwirt

mangingisda
(ma-ngi-NGEES-da)
Fischer

33

pulis
(POO-lis)
Polizist

bombero
(bom-BE-ro)
Feuerwehrmann

panadero
(pa-na-DE-ro)
Fäckerin

karpintero
(kar-pin-TEH-ro)
Schreiner

kusinero
(koo-see-NEH-ro)
Köchin

34

Emotionen

masaya
(ma-SA-ya)
glücklich

galit
(GA-lit)
wütend

takot
(TA-kot)
verängstigt

gulat
(GOO-lat)
überrascht

pagod
(PA-god)
müde

gutom
(GOO-tom)
hungrig

uhaw
(oo-haw)
durstig

hiya
(hee-YA)
schüchtern

36

Ich würde mich freuen, von Ihnen zu hören ...

Ich hoffe, Ihr Kind hatte Spaß daran, mit uns Philippinischen zu erkunden! Wir würden gerne von ihren Erfahrungen mit „Meine ersten Philippinischen-Wörter" hören. Ihr Feedback hilft uns, andere Familien auf ihrem Weg zum Sprachenlernen zu unterstützen.

https://go.binnovatedigital.com/GermanFilipino

Bitte scannen Sie den QR-Code mit der Kamera Ihres Telefons oder kopieren Sie den Link in den Browser Ihres Telefons oder Computers.

Ich bin Ihnen sehr dankbar für Ihre Zeit. Maraming Salamat!

Alles Liebe,

Emma